AF311512

LES HÉROÏNES

DU DÉVOUEMENT

4ᵉ SÉRIE IN-8º

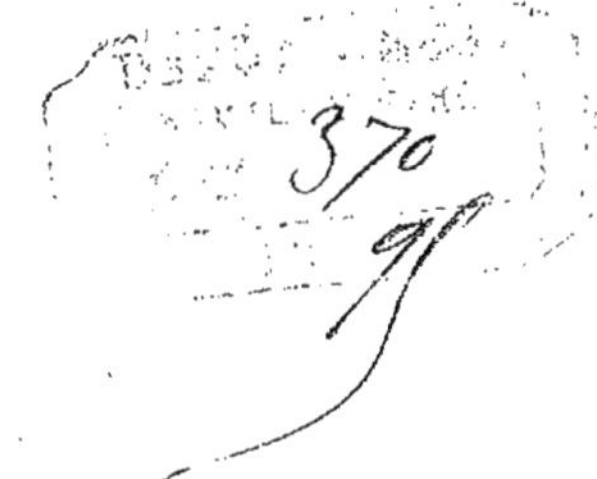

MADEMOISELLE DODU A REÇU LA DÉCORATION DE
LA LÉGION D'HONNEUR... (P. 69.)

LES
HÉROÏNES

DU DÉVOUEMENT

FEUILLETS DÉTACHÉS DU LIVRE D'OR
DES FEMMES

PAR

FR. DESPLANTES

Rédacteur au Ministère de l'Instruction publique

LIMOGES

EUGÈNE ARDANT ET Cⁱᵉ

ÉDITEURS

LES HÉROINES

DU DÉVOUEMENT

Le « Livre d'or » des femmes !... Qui pourrait jamais dire combien il contient d'actions remarquables et d'admirables actes de dévouement ?... Il semble que la femme veuille racheter sa faiblesse physique par une puissance morale infinie dont elle trouve la source dans son cœur. Quelle que soit sa pauvreté ou même son indigence, une femme trouve toujours l'occasion et le moyen de se dévouer.

Dévouement filial, fraternel, maternel, conjugal, patriotique ou humanitaire, nous allons, dans ce petit volume, faire successivement connaître divers traits de chacun de ces dévouements accomplis par des femmes.

« Comment trouverez-vous chez les

étrangers des amis fidèles, si vous êtes indifférents pour les amis que la nature vous a donnés? » disait avec beaucoup de raison, il y a environ deux mille ans, un ancien auteur du nom de Sallustre. Aussi, n'enregistrerons-nous ici que fort peu de traits de dévouement à la famille, ce genre de sacrifice étant non seulement une vertu, mais encore un devoir naturel.

* * *

Dans la ville de Provins, chef-lieu du département de Seine-et-Marne, raconte M. Th. H. Barrau, une famille honnête fut complétement ruinée par des entreprises hasardeuses. Après avoir donné tout ce qu'il possédait, le malheureux père, âgé et incapable de travail, devait encore près de quatre mille francs.

Déclaré insolvable et n'ayant que des enfants mineurs, les créanciers l'abandonnèrent. L'un de ces enfants était une jeune ouvrière, qui travaillait depuis quelques années pour s'amasser une dot qui lui permît d'entrer dans la vie religieuse : c'était là l'unique objet de ses vœux.

Aussitôt que le désastre de sa famille lui

fut connu, abandonner son petit trésor pour suffire aux premiers besoins, puis devenir, par son travail, l'unique appui d'un père infirme, d'un frère enfant, d'une grand'mère octogénaire, tout cela ne fut pas assez pour la jeune fille.

Sa mère, sa pauvre mère, est là mourante, et ce n'est pas la misère qui la tue! Sa fille, en veillant auprès d'elle, comprend les vœux que sa mère forme dans son cœur sans oser les exprimer, et se dévoue à leur accomplissement. Le travail du jour, celui des nuits, joints aux plus rudes privations, lui permettront d'acquitter les dettes de la famille, et un jour le nom de son père sera réhabilité.

La malheureuse mère ferme les yeux en bénissant sa fille, qui, peu après, va trouver les créanciers, leur demande du temps, beaucoup de temps, et les supplie de laisser quelques effets à son vieux père.

On est ému à la vue de cette enfant; mais son projet étonne : elle n'a que son travail, trois personnes sont à sa charge, et elle entreprend de payer des dettes qui ne sont pas les siennes. Une résolution aussi forte, dans un âge aussi tendre, trouve des incrédules.

Vingt ans après avoir pris ce noble engagement, mademoiselle JOSSERAND en avait rempli toutes les obligations, et elle semblait croire que sa conduite n'avait rien que de très ordinaire.

Son courage n'ayant jamais failli, une vie qui n'a été que la mise en œuvre d'une bonne pensée, lui a laissé toute sa délicatesse et toute sa modestie.

Elle a reçu les derniers vœux de sa grand'mère; la vieillesse de son père a été honorée par elle et pour elle; son frère lui doit une bonne éducation et un état; il lui doit surtout un nom sans tache, car toutes les dettes ont été acquittées; et ce sont des créanciers payés, ce sont des voisins témoins de tout, qui ont, à son insu, divulgué le secret de son dévouement filial et de sa vertu.

⁎ ⁎ ⁎

C'est encore à M. Th. H. Barrau que nous empruntons les trois exemples suivants de dévouement fraternel et maternel.

Les événements de la Révolution avaient enlevé à mademoiselle DE RIGNY toute sa famille. Retirée dans une habitation isolée, au milieu de la campagne, à l'âge de vingt

ELLE S'Y DÉVOUA AVEC UNE ARDEUR PERSÉVÉRANTE.

(P. 11.)

ans, elle se voyait obligée de diriger et les affaires de la maison et l'éducation d'un jeune frère, qui n'avait qu'elle pour appui. Elle destinait cet enfant à l'Ecole polytechnique; mais comment l'y préparer? comment lui donner en même temps l'éducation littéraire? Les colléges alors avaient été détruits, et les maisons d'éducation en petit nombre, qui commençaient à s'élever, ne paraissaient pas à mademoiselle de Rigny dignes de sa confiance. La tendresse fraternelle lui inspira le plus généreux dessein : elle résolut d'apprendre elle-même tout ce que son frère devait savoir, pour le lui enseigner. Quelque effrayant que ce travail dût paraître à une femme, elle s'y dévoua avec une ardeur persévérante qui fut couronnée par le succès : la langue latine, la littérature ancienne et moderne, l'éloquence, l'histoire, les diverses branches des mathématiques, elle apprit tout, elle enseigna tout à son frère, et le jeune de Rigny fut admis à l'Ecole polytechnique, sans avoir eu d'autre maître que sa sœur.

C'est ce même de Rigny qui, devenu amiral, commandait, en 1827, la flotte française à la bataille de Navarin, dans les eaux grecques, où les escadres combinées de France, d'Angleterre et de Russie, détruisirent la flotte turque et égyptienne : l'amiral de Rigny fut plus tard ministre de la marine ; il est mort en 1835

Telle est la glorieuse destinée que lui avait préparée le dévouement infatigable de sa sœur.

* * *

Dans le beau pays de Roussillon, au milieu d'un bosquet de citronniers, s'élevait au siècle dernier une maisonnette solitaire. Là vivait la bonne CLÉMENTINE, dont la tendresse et les vertus faisaient le bonheur de son mari et de ses enfants.

Un jour son mari était absent ; ses deux enfants, Antoine et Antoinette, jouaient ensemble dans les environs de la cabane. Tout à coup elle entend son fils pousser un cri d'effroi. Epouvantée, elle s'élance au dehors de la cabane : elle frémit en voyant Antoine qui ramenait la petite Antoinette toute tremblante :

« Maman, dit-il, voyez comme la main d'Antoinette saigne ; une vipère l'a mordue.»

Clémentine s'écrie en sanglotant :

« Ah ! ma fille ! ma fille ! une vipère ! au secours ! au secours ! »

Un homme passait alors en marchant très vite ; d'une voix entrecoupée, elle le conjura de s'arrêter et de venir à son secours.

« Jeune femme, dit le voyageur, je ne peux m'arrêter ; d'ailleurs je ne sais qu'un remède : tâchez de vous procurer un chien qui suce le poison de la plaie ; mais hâtez-vous, ne perdez pas un moment. »

Et il s'en allu. Clémentine chancela, comme saisie d'un vertige soudain. Le désespoir se peignait sur son visage pâle ; mais, un instant après, son front devint serein ; elle se leva dans un transport de joie.

« Un chien sucer le poison de sa blessure ! Non, un chien ne le ferait pas, mais une mère le peut, une mère le fait. »

A l'instant elle saisit vivement sa fille par le bras ; elle appliqua ses lèvres sur la blessure, et suça, suça longtemps avec une ardeur inexprimable.

Cependant le père arrivait ; Antoine, le voyant venir, court à sa rencontre, lui raconte ce qui est arrivé et ce que fait sa mère. Le jeune mari pâlit d'effroi ; il chancelle, et il est obligé de s'appuyer contre l'arbre le plus voisin.

« Qu'avez-vous, mon père? » s'écrie l'enfant en s'élançant comme pour le secourir.

En ce moment le bâton que son père tenait à la main tomba à terre. L'enfant voit ce bâton, autour duquel était entortillée une couleuvre morte. L'enfant recula en frémissant d'horreur.

« Ah! dit-il, voilà le serpent qui a mordu Antoinette.

— Que dis-tu, ô mon fils? s'écrie le père en revenant à lui; quoi! le serpent qui a mordu ta sœur était-il bien semblable à celui que tu vois?

— Oui, répondit l'enfant, entièrement semblable. »

Le père respire et pousse un cri de joie :

« Ah! Dieu soit loué! s'écria-t-il, le serpent qui a mordu Antoinette n'était donc point une vipère; c'est une couleuvre, dont la morsure ne peut faire de mal, et ce n'est pas de poison que Clémentine a avalé en suçant la plaie. »

Les yeux mouillés de larmes, il arrive à la cabane; il prend dans ses bras et la fille et la mère, il les tient longtemps pressées contre son cœur ; et, dans l'ivresse de sa joie, il dit :

« Ah ! que tu m'as effrayé ! mais, heureusement, le serpent n'était pas venimeux. Nous vivrons encore ensemble : jamais je n'oublierai ce trait de tendresse maternelle, jamais tes enfants ne l'oublieront. »

C'était en 1834. Au milieu des forêts de sapins qui couronnent le sommet des Vosges, la veuve d'un pauvre bûcheron avait coutume d'aller chaque jour couper du bois. Tandis qu'elle parcourait la forêt, elle déposait dans les buissons son enfant encore très jeune.

Mais, privée de cet enfant chéri, peut-elle prolonger son absence ? une heure est pour cette tendre mère un siècle d'attente. Peut-être que, saisi tout à coup de frayeur, il tend vers sa mère ses faibles bras, et qu'il l'appelle de ses cris.

Déjà la mère alarmée se hâtait d'arriver aux lieux où son enfant reposait ; mais voici qu'un loup terrible, l'œil en feu, la gueule béante, lui apparaît. Hors d'elle-même, elle ressent le froid de la mort ; elle tremble que le monstre n'ait déjà dévoré sa proie... Mais un faible cri lui annonce que son fils respire encore, et qu'il repose dans son berceau de feuillage.

Cependant l'animal affamé va se précipiter sur sa victime ; il va l'atteindre ! Mais quelles forces le danger d'un fils ne donne-t-il pas à sa mère ! Intrépide, elle se jette entre son ennemi et le buisson, et fait à son enfant un rempart de son corps.

A cette vue, le loup frémissant oublie la proie qu'il espérait d'abord, et, tournant toute sa rage sur la victime nouvelle qui se présente à lui, il l'attaque, la déchire et s'abreuve de son sang. Tandis que cette infortunée se débattait sous la dent du fauve, elle se rappelle qu'elle a un couteau ; elle le saisit, et, rassemblant ses forces près de défaillir, elle enfonce dans le cœur du terrible animal un fer aigu. Il expire en poussant un horrible hurlement ; mais, trop faible pour un pareil effort, la mère victorieuse tombe à côté de son ennemi abattu ; elle tombe en s'écriant :

« Sauvez mon fils ! »

Ses gémissements plaintifs avaient attiré

plusieurs bûcherons; ils accourent et voient leur compagne étendue sur la terre ensanglantée. Pendant cet affreux combat, l'enfant, ignorant les dangers de sa mère, s'était endormi paisiblement.

L'un et l'autre sont reportés dans leur cabane par les bûcherons empressés; chacun, entourant la mère inanimée, lui prodiguent tous les soins qui peuvent la rappeler à la vie. Secours inutiles! elle est déjà glacée...

On désespérait de ranimer cette généreuse victime de la tendresse maternelle, lorsqu'on s'avisa de placer le visage de l'enfant contre celui de sa mère. La mère fait un léger mouvement, son teint se colore, elle ouvre un œil languissant et sent peu à peu une douce chaleur se répandre dans ses membres; elle reconnaît son fils, le presse dans ses bras, sans pouvoir rassasier sa tendresse. L'image du monstre terrible se présente, il est vrai, à son esprit; mais elle l'oublie bientôt, puisque son fils respire... Elle est sauvée!

* * *

Quel plus bel exemple de dévouement

conjugal que celui qu'a donné Mme Louvet pendant la Révolution française ! — En voici le récit tel que nous l'avons déjà donné dans les *Lectures d'une grande Sœur :*

Jean-Baptiste Louvet de Couvray, né à Paris en 1764, s'était déjà fait connaître dans les lettres avant 1789. Lorsqu'éclata la Révolution, il fut nommé député à la Convention nationale et s'attacha au parti de la Gironde. Il osa même attaquer Robespierre. Mais, bientôt proscrit avec les Girondins, il fut contraint de se cacher pour échapper à la fureur des partisans de Robespierre — devenu tout puissant, — qui voulaient l'envoyer à la mort. Dans cette périlleuse circonstance, il dut la vie au dévouement de sa femme, et lui-même a raconté plus tard toutes les émouvantes péripéties de cette cruelle époque de son existence. Ajoutons seulement que, après le 9 thermidor et la chute de Robespierre, Louvet devint membre du conseil des Cinq-Cents et mourut en 1797. Voici en quels termes il raconte la façon dont sa femme réussit à le cacher et à le sauver de la mort :

« Ecoute, me disait ma femme, il « nous reste du moins une consolation

» qu'on ne peut nous ravir, celle de mourir
» ensemble. Voici mon plan : dès demain,
» je cherche un logement dans un quartier
» perdu ; je le prends sous mon nom de fille,
» et je t'y reçois. Je sais qu'on ira bientôt
» s'informant quelle est cette nouvelle venue ;
» je sais qu'on ne peut tarder à me décou-
» vrir, et qu'alors, à supposer même qu'on
» ne me soupçonnât pas de te donner asile,
» il leur suffira de retrouver en moi ton
» amie, la compagne de tes travaux, pour
» qu'aussitôt mon supplice soit préparé. Ils
» ne m'y traîneront pourtant pas : avec toi,
» comme toi, je saurai me dérober à leur
» échafaud. Remarque cependant qu'ainsi
» nous allons gagner huit jours, quinze
» jours, peut-être un mois ou deux. O mon
» ami ! combien dans ce court espace de
» temps pourrons-nous vivre davantage que
» tel qui tombe de vieillesse !... »

» Je la serrais dans mes bras, sur mon
cœur ; nos yeux versaient des pleurs déli-
cieux.

— Si pourtant, lui dis-je, il n'était pas
possible qu'un jour, sans moi, la vie te fût
moins à charge ; qu'avec le temps...

— Pourquoi cet outrage? » interrompit-elle; par où l'ai-je mérité ?

» Elle m'échappa, joignit les mains, leva les yeux au ciel :

— Non, je jure que sans toi la vie m'est un tourment, un insupportable tourment; seule, je périrais bientôt, je périrais désespérée. Ah! permets, permets que nous mourions ensemble...»

» Ma femme s'empressa d'exécuter son projet: elle loua un logement; et, avant que la cache qu'elle m'y préparait fût exécutée, j'y étais avec elle. Les jolies mains de ma *Lodoïska* — c'est le nom que Louvet avait donné à sa femme, — ses délicates mains n'avaient jamais manié comme vous le pensez bien, ni le rabot, ni les clous, ni le plâtre. Pourtant en cinq jours elle acheva seule, sans mon secours, car mon myopisme me rendait absolument inhabile à cet apprentissage, un ouvrage en menuiserie maçonnée, d'un plan si parfaitement conçu et si artistement imaginé, qu'un tel coup d'essai eût passé pour le chef-d'œuvre d'un maître. A moins qu'on ne sût qu'il y avait quelqu'un dans cette boîte, qui paraissait un mur, et un mur où l'on n'apercevait pas une seule fente, je défiais le plus habile de me trouver là. Si l'on venait à frapper chez nous, ma femme, à dessein lente et lourde dans sa marche, n'ouvrait jamais la première de nos trois portes qu'après m'avoir donné le temps d'aller au fond de la quatrième pièce, me laisser tomber doucement dans mon asile. J'avais, dans mon retranchement assez large, un siége pour m'asseoir, un paillasson sous mes pieds, un petit briquet phosphorique, dont j'allumais une bougie, les journaux du jour, etc.; et, comme nous avions des voisins à côté de nous et au-dessous, et que les planches étaient minces, pour les assourdir nous avions couvert les murs d'une tapisserie épaisse, et les planches d'un fort tapis; et afin que je pusse me mouvoir, me promener, courir sans être entendu, ma femme, toujours inventive et toujours adroite, m'avait fait de bons chaussons de grosse laine, avec une forte semelle de crin : c'étaient mes souliers. Mille autres précautions subalternes avaient été prises et n'étaient jamais négligées; mais cette excellente cache et toutes ces précautions tutélaires ne pouvaient rien contre une visite de l'ordre du comité de sûreté générale ou de la municipalité.

— Si l'on frappe au milieu de la nuit, m'avait dit ma digne compagne, nous nous garderons bien d'aller ouvrir; surtout nous nous garderons bien de disputer un instant sa proie à la mort. Qu'ils enfoncent la première porte, il en reste encore deux, pleines, épaisses, garnies chacune de sa serrure et de ses verrous. Tes pistolets sont sous ton oreiller, non pour les assassins, mais pour nous; du moins nous aurons tout le temps de nous frapper, et surtout, je t'en conjure, ne commence pas; laisse-moi d'une seconde seulement, d'une seconde, mourir avant mon mari... »

» Que de fois nous nous endormîmes à peu près sûrs que presque aussitôt nous allions rouvrir nos yeux pour les refermer à jamais! Que de fois, lorsqu'un locataire attardé venait, après minuit, frapper à grands coups de marteau, réveillés en sursaut par le bruit, puis entendant la porte cochère crier sur ses gonds, que de fois il nous arriva de nous embrasser et de saisir nos armes!... »

Telle fut la façon courageuse et dévouée

au moyen de laquelle M^mo Louvet eut le bonheur et la gloire de sauver son mari.

* * *

Howard, célèbre philanthrope anglais, qui vivait au siècle dernier, avait épousé une femme dont l'âme ressemblait à la sienne. Un jour qu'il s'occupait à régler le compte d'un de ses correspondants, il trouva contre son attente, que la balance était en sa faveur. Aussitôt il proposa à sa femme d'employer cette somme à faire à Londres un voyage d'agrément :

« Quelle jolie cabane on pourrait bâtir pour une pauvre famille avec l'argent que nous allons dépenser! »

Telle fut la réponse de Mme Howard. Cet excellent conseil fut suivi : une bonne action vaut mieux que le plaisir d'un voyage.

Mais, disait excellement M. Cuvillier-Fleury en 1874, « il n'est pas toujours facile de louer, dans les favoris de la naissance et de la richesse, les bonnes actions qui les recommandent à l'estime des honnêtes gens. La fortune y a mis du sien! L'éducation dont ils ont eu le privilége, encore si rare, les exemples de la famille, l'atmosphère où

ils ont respiré l'honneur, la générosité, la
vertu, toutes ces causes sont comme autant
de circonstances atténuantes de leur mérite.
Les causes contraires sont en grande partie
le mérite des pauvres et des inférieurs,
quand ils font le bien. Pour faire le bien,
ils ont eu à lutter trop souvent contre l'absence même de ces facilités qui rendent si
agréable, si unie et si engageante, pour les
heureux du monde, la route où chemine
doucement la vertu.

» Il est pourtant plus d'un riche sur lequel l'Académie française aimerait à éten-
dre ses couronnes d'honneur. Elle n'en a pas
le droit. Elle ne les doit qu'aux pauvres, et
non pas aux honnêtes gens seulement parmi
les pauvres, mais à ceux qui font preuve,
disons mieux, qui font profession de vertu;
vous verrez tout à l'heure si le mot est juste.
Ainsi l'a voulu M. de Montyon, il y a près
d'un siècle. C'est aux héros de l'indigence,
s'il m'est permis de parler ainsi, que M. de
Montyon destine ses récompenses, non pour
le courage avec lequel ils supportent la pauvreté, mais pour le dévouement dont ils y
trouvent la source précieuse; — consolateurs
parce qu'ils ont pleuré, secourables parce

qu'ils ont souffert, économes des minces
profits et des ressources précaires, parce
que c'est leur richesse et qu'ils l'épargnent
pour de plus malheureux. »

Donc, plus est pauvre celui qui fait preuve
de vertu, plus son mérite est grand. C'est
pour ce motif que l'Académie s'attache à
mettre en lumière surtout les belles actions
des pauvres gens, et c'est pour la même
raison que nous citerons ici de préférence
les traits de dévouement humanitaire accomplis par des femmes privées des ressources de la fortune. Nous allons pour cela
puiser largement dans les rapports annuels
de l'Institut sur les *Prix de vertu*.

* * *

« Si extraordinaire que cela paraisse, »
disait M. Edouard Pailleron dans son rapport du 20 novembre 1884, « il faut le croire,
puisque aussi bien nous en avons chaque
année des preuves nombreuses : il exist
des domestiques qui ne se contentent pas
de servir leurs maîtres sans toucher de
gages, mais qui leur paient des gages pour
les servir, en ce sens qu'ils les nourrissent
par leur travail quand ils sont ruinés, et les

soignent quand ils sont malades. Un de nos confrères le constatait naguère en s'en étonnant, et regrettant que le cas, fréquent en province, fût inconnu à Paris, il le constatait, mais, cette fois, sans s'en étonner.

» Eh bien! ses regrets ont été entendus. Le fait est, cette année, visible à Paris même, et non pas isolé. Il en est jusqu'à deux que je pourrais citer. Et même... mais je veux vous laisser le plaisir de cette touchante surprise.

» Les deux excellentes femmes qui, indépendamment de leurs autres mérites, ont celui d'honorer notre ville par l'exemple de leurs vertus modestes, sont Caroline COLAS, à qui l'Académie accorde une médaille de mille francs, fondation Montyon, et la veuve BRIAND, à qui elle a donné une médaille de cinq cents francs de la même fondation. La veuve Briand est, depuis soixante-trois ans, au service de la même famille, et, depuis trente ans, gratuitement. Quant à Caroline Colas, non seulement elle soigne sa maîtresse infirme, mais encore elle lui donne ce qu'elle gagne. »

* * *

La veuve MARÉCHAL — constatait dix ans

auparavant M. Cuvillier-Fleury, — « mère
de deux enfants, domestique au service des
époux Chéron, à Viroflay, accomplit auprès
de ses maîtres, atteints par l'indigence, un
de ses miracles de la multiplication des
épargnes du pauvre qui se reproduisent si
souvent sous nos yeux, sur le livre d'or de
la charité privée. La marquise de Lambert
disait, il y a un siècle : « Il faut traiter nos
» domestiques comme des amis tombés dans
» le malheur. » C'est quelquefois le tour des
maîtres d'être ainsi traités, heureux quand
ils ont été justes et bienveillants envers leurs
serviteurs, sur lesquels ils s'assurent ainsi
comme une douce créance, payable à l'é-
chéance de l'adversité. M. Chéron était
banquier à Mortagne, puis à Paris. La veuve
Maréchal, sa servante, avait placé sur lui
toutes ses épargnes. C'est dire qu'elle per-
dit tout quand vint la liquidation. Elle devint pauvre et resta fidèle, travaillant pour
le compte de ses maîtres, après avoir été
ruinée par eux. L'épreuve a duré vingt ans.

« Après les premiers prix et les grandes
médailles » ajoutait l'illustre académicien,
« nous arrivons aux médailles de seconde
classe de la même fondation. Ici, un scru-

pule nous saisit. Pourquoi ces différences entre des vertus qui ont partout la même inspiration ? Les circonstances seules sont différentes, et elles sont le fait du hasard. Le plus grand de nos poètes a dit :

« *Ainsi que la vertu le crime a ses degrés...* »

« Qui osera marquer ces degrés de la vertu, depuis le jour où ce titre lui est justement acquis, jusqu'à l'heure où elle atteindrait, par la grâce de Dieu, l'idéale perfection qui est la sainteté ? Je ne fais qu'indiquer cette difficulté qui souvent nous arrête dans le classement des actes vertueux. Je n'y insiste pas. Nous nous décidons par les circonstances accessoires, les difficultés vaincues, le nombre et la durée des bonnes actions ; mais, tout compte fait, nous aimons à confondre dans une estime commune l'inégalité forcée de nos récompenses.

» La distribution des largesses de M. de Montyon se complète aujourd'hui par le don de dix-sept médailles de cinq cent francs, dont huit sont accordées à ce que j'appellerai des bienfaits domestiques, les serviteurs succédant aux maîtres dans l'entretien de la maison, soutenant le ménage avec leurs épargnes ou leur travail, les assistant ruinés, les relevant abattus, les soignant malades, les consolant dans ces afflictions, les plus cruelles de toutes, qui mêlent le souvenir de la prospérité aux souffrances de la misère.

> *..... Nessun maggior dolore*
> *Che ricordarsi del tempo felice*
> *Nella miseria.....*

« Il n'est point de plus grande douleur, de » plus cruelle misère que de conserver dans » l'infortune le souvenir de la prospérité éva- » nouie. »

« Ces pauvres servantes qui soulagent la détresse de leurs maîtres font quelquefois mentir les vers du Dante, et grâce à elles un rayon de bonheur vient luire encore, par instants, dans la solitude de ces existences dévastées.

» Laissez-nous donc vous nommer ici, en dépit de votre modeste obscurité, car nous ne voulons oublier personne ; laissez-nous vous nommer, Marie PUISSANT, de Corenc (Isère) ; Eugénie VARANDAL, de Martigny (Vosges) ; Angélique PAPUCHON, de Poitiers ; Marie MALTAISE, de Chemillé (Maine-et-Loire) ; Marie GROSBOIS, de Paimbeuf ; Marie DURAND, de Paris ; et vous aussi, Joséphine GARNIER, de Forcalquier (Hautes-Alpes), qui, deux fois, quoique jeune encore, refusez un mariage avantageux, pour rester fidèle à vos maîtres malheureux; et vous enfin, Charlotte DEMANGE, de Nancy, qui aviez persuadé à votre vieille maîtresse, absolument ruinée, qu'elle était toujours riche et qui l'entreteniez à vos frais dans l'aisance des anciens jours, renonçant ainsi au légitime retour d'une gratitude qui devait être votre seule récompense. »

* *

Certes, le poète Lemercier avait mille fois raison lorsqu'il écrivait au commencement de ce siècle : « Rien de si fréquent dans le monde que les coups funestes du sort. Trompées par l'instabilité de la fortune, des familles heureuses et riches tombent soudain précipitées dans une misère absolue. Où leur désespoir trouvera-t-il des ressources ? Ce sera souvent dans le dévouement, dans la pitié de pauvres domestiques qui leur furent attachés durant les jours de leur opulence.» Nous avons, hélas! constamment de nouveaux et nombreux exemples de ces désastres de famille et de ces dévouements do-

mestiques. Le rapport de l'année 1877 sur
les *Prix de vertu*, rédigé, cette année là, par
M. Alexandre Dumas, va nous en faire connaître encore toute une admirable série.

« Catherine Dio est de Valence, dans le
Tarn-et-Garonne; voilà quarante ans qu'elle
sert gratuitement la même famille, et elle
en a cinquante-huit. D'abord, elle se dévoue,
pendant quinze ans, à sa maîtresse atteinte
d'une grave maladie; celle-ci meurt en lui
confiant sa fille infirme et son mari, qui,
frappé de paralysie, privé de ses facultés in-
tellectuelles, exigeant des soins continus,
demeure pendant douze ans à la charge de
Catherine. Vous représentez-vous cette
pauvre fille de dix-huit ans, qui cherche
pour vivre et faire vivre sa famille une place
de servante, qu'on adresse à une famille
honorable et aisée, où elle croit trouver le
logement, la nourriture, un petit pécule en
échange de son service, et qui, au lieu de
cela, pendant quarante ans, a toute cette famille à sa charge, qui ne se plaint pas, qui
refuse des positions avantageuses qu'on lui
offre de tous côtés, parce que tout le monde
connaît ce dévouement et voudrait avoir un
pareil serviteur, qui renonce à se marier

parce qu'elle n'a pas le droit d'avoir une famille à elle, puisqu'elle a la famille des autres, et qui, son maître mort (elle l'appelle
toujours son maître), reporte toute son affection, tout son dévouement sur la fille
qu'il laisse infirme et incapable d'aucun
travail? Pour moi, je ne sais rien de plus
touchant et de plus respectable que la vie
de cette humble fille, et en vérité Catherine
Dio a bien mérité une première médaille
Montyon, de mille francs, que l'Académie
lui décerne aujourd'hui..... »

* * *

Puis, un peu plus loin, M. Alexandre Dumas signale encore plusieurs autres traits
de dévouement domestique récompensés
par l'Institut. « Nous décernons, dit-il, les
médailles Montyon de cinq cents francs chacune..... A Marie VILLEBESSET, de Pontau-
mur, dans le Puy-de-Dôme, digne émule de
Catherine Dio, et qui, comme elle, simple
servante, se dévoue à ses maîtres depuis
vingt-huit ans, leur sacrifie ses petites économies, veille, soigne la mère malade jusqu'à sa mort, et recueille le fils qui, quoique
faible et délicat, est appelé au service mili-

taire et à qui elle envoie tout ce qu'elle gagne.....

» A Annette NEURIN, à Dijon (Côte-d'Or), qui, agée de quatre-vingt-neuf ans, est depuis soixante ans au service de la même famille tombée dans la misère, à qui elle donne toutes ses économies, qu'elle sert pour rien et qu'elle n'a jamais voulu quitter pour des positions facilement meilleures... Nous trouvons dans le dossier d'Annette Neurin une note de M. de Carné, à laquelle nous faisons droit. Que le vœu de M. de Carné soit exaucé et que notre cher et regretté confrère ait fait encore le bien dans la mort comme il n'a cessé de le faire dans la vie ;

» A Madeleine HIVERT, à Nantes (Loire-Inférieure), âgée de soixante-seize ans, et, depuis 1836, se consacrant à ses maîtres ruinés, et leur donnant non seulement ses services gratuits, mais le produit du travail qu'elle fait en dehors de leur maison, après leur avoir donné toutes ses économies ;

» A Lucie-Françoise BARD, à Bayeux (Calvados), âgée de cinquante-neuf ans, domestique. Entrée au service en 1838, elle abandonne tous ses gages jusqu'en 1853 pour soutenir sa grand'mère infirme et indigente, son frère et ses neveux et nièces, qui sont élevés grâce à elle. En mai 1859, le malheur vient fondre sur ses maîtres. Aussitôt elle abandonne ses gages et travaille jour et nuit pour leur épargner des privations, car ils sont vieux. Le mari étant mort, elle se dévoue de plus en plus à la femme, et depuis peu de temps elle a pris à sa charge une tante tombée dans l'infortune.»

*
* *

« Accoutumez-vous à avoir de la bonté et de l'humanité pour vos domestiques; » écrivait jadis Mme de Lambert que M. Cuvillier-Fleury citait lui aussi tout à l'heure. « Un ancien dit *qu'il faut les regarder comme des amis malheureux.* Songez que vous ne devez qu'au hasard l'extrême différence qu'il y a de vous à eux; ne leur faites point sentir leur état; n'appesantissez point leur peine : rien n'est si bas que d'être haut à qui vous est soumis. N'usez point de termes durs : le service étant établi contre l'égalité naturelle des hommes, il faut l'adoucir. Sommes-nous en droit de vouloir nos domestiques sans défauts, nous qui leur en montrons tous les jours? »

Souvenons-nous sans cesse de ces belles, sages et profondes paroles et n'hésitons point, le cas échéant, à suivre l'exemple du maître dont il est fait mention dans l'anecdocte suivante :

« Un homme très riche, ayant éprouvé les plus grands revers de fortune, se vit obligé de se restreindre à la plus sévère économie.

— Je viens, dit-il à sa femme, de me défaire de tout le luxe que nous permettait auparavant la fortune que nous avons perdue, et je ne puis me dispenser de vous prier de m'imiter en cela. Vous avez une femme de chambre à laquelle vous êtes attachée, et c'est avec peine que je vous en demande le sacrifice; mais il est absolument nécessaire, et je me flatte que vous ne me le refuserez pas.

» Quelle cruelle que lui fût cette séparation, cette dame en sentit la nécessité et s'y résigna. Elle appela sa femme de chambre, à laquelle elle annonça ses intentions, en lui témoignant tout ce que cette séparation avait de pénible pour elle.

— Madame, lui répondit cette fille, vous savez que j'ai quelque adresse; il est impossible, en restant chez vous, que mes petits talents n'équivalent pas aux frais de ma nourriture. Daignez donc me permettre de vous continuer mes services; je ne veux d'autre rétribution que le bonheur d'être auprès de vous.

» Des larmes abondantes, qui coulèrent de part et d'autre, mirent fin à cette conversation. Quelques instants après, on annonce que le diner est servi. Le maître de la maison, à qui cette conversation avait été racontée, passe dans la salle à manger, et fait mettre un troisième couvert.

— Attendez-vous quelqu'un? lui demande sa femme.

— Non; faites venir votre femme de chambre.

» On l'appelle; elle vient; il la prend par la main et lui dit:

— Mademoiselle, la noblesse de vos sentiments, la sensibilité de votre cœur vous font notre amie: prenez place à côté de nous, et dorénavant vous n'en aurez point d'autre. »

* *
*

Terminons maintenant la partie de ce petit volume consacrée au dévouement domestique par la mention de l'admirable sacrifice de Marie ARGOUD.

Nous récompensons, disait M. Victorien Sardou en 1880, « dans Marie Argoud, de Lyon, cinquante années d'un attachement domestique à toute épreuve. Marie Argoud est le modèle parfait de ces serviteurs, moins légendaires qu'on ne le croit, qui associent tellement leur destinée à celle de leurs maîtres, qu'ils épousent peu à peu toutes leurs joies, toutes leurs douleurs, toutes leurs détresses. Entrée en 1829 au service d'une famille peu fortunée, elle n'a pas cessé depuis lors, et après la mort de son maître, de témoigner à la veuve et à ses cinq enfants une affection dont ils ont voulu nous apporter eux-mêmes le témoignage. Un seul trait, cité par eux, donnera la mesure de son dévouement. En 1831, on se battait dans les rues de Lyon. Le maître de Marie, inquiet sur le sort de sa mère, qui habite un autre quartier, veut à tout prix avoir de ses nouvelles. Il va sortir. Marie lui barre le passage :

— Monsieur, vous ne sortirez pas! Si vous êtes tué, que deviendront ces enfants-là? Ma vie est moins précieuse que la vôtre!... J'y vais!... »

« Rien ne peut la retenir : elle part, traverse les rues, franchit les barricades, et, risquant vingt fois sa vie, rapporte enfin au logis les nouvelles désirées.

» Ses qualités de cœur ne sont pas exercées dans cette seule famille. Sans que son devoir journalier en souffrît, elle trouvait le temps, elle le trouve encore, malgré ses infirmités, de veiller, de soigner les pauvres gens du voisinage, de solliciter pour eux des secours, ou leur admission dans quelque asile ou quelque maison spéciale. Enfin, détail touchant et qui résume en un seul mot toute une vie de sacrifice, dans le quartier qu'elle habite, elle est moins connue sous le nom de *Marie Argoud* que sous celui de *Marie Bourbon*, du nom de ses maîtres. Elle est de leur famille, en effet; et ce nom très honorable qu'on lui donne, qu'elle accepte naïvement, elle l'honore encore en le portant. »

* * *

Quelque attachante que soit la lecture de tous ces admirables dévouements de domestiques pour leurs maîtres tombés dans l'infortune, il nous faut savoir nous borner et

nous devons songer que bien d'autres dévouements non moins remarquables ont
également droit à notre attention. Voici donc
toute une nouvelle série d'actions ou de traits
accomplis par des femmes par pur dévouement humanitaire en faveur des personnes
qui fort souvent auraient pu, sans exciter
l'étonnement, leur demeurer indifférentes.

« Il y a bientôt cinquante-six ans que
M. de Montyon rendait le dernier soupir ; il
est mort le 29 décembre 1820. C'est alors,
— je répète des paroles qui furent pronon-
cées à cette place même, — c'est alors que
les secrets de sa bienfaisance sortirent en
foule de sa tombe. Parmi tant de libéralités,
outre les trois millions légués aux hôpitaux,
et sans parler des prix affectés aux sciences
et aux lettres, son testament confirmait et
augmentait ces récompenses de la vertu du
pauvre..... La première fois que l'Académie
française avait eu à proclamer ce prix, elle
l'avait donné à cette pauvre mercière de Paris qui, un jour, informée par hasard du
supplice infligé à un Français par le bon
plaisir des puissants, se dévoue à sa cause,
s'y attache, s'y attelle, s'y acharne, et enfin,
après trois ans d'une lutte sans exemple,

réussit à le faire sortir de prison. Bien avant
quatre-vingt-neuf, c'est un poète encore qu
l'a dit, la courageuse femme avait pris la
Bastille. Quand la tradition de ces récompenses solennelles fut rétablie au commencement de la Restauration, M. le comte Daru,
directeur de notre compagnie, n'hésita point
à rappeler dans son discours cet épisode extraordinaire, et quand il affirma qu'une société d'élite, en 1784, avait couvert de ses
applaudissements le nom de l'humble mar-
chande Mme Legros, vous devinez si les bra-
vos redoublèrent.

» Proclamer des actes de vertu, proclamer les noms qui se cachent dans l'ombre,
les proclamer pour que le bien encourage
le bien, pour que la semence ainsi jetée à
mains ouvertes s'en aille germer dans les
sillons, voilà certainement la pensée du
fondateur. Combien elle est visible, cette
pensée féconde, dans la suite de nos an-
nales !...

» Madeleine-Rose EYRAUD, dite ROSETTE,
née à Vorey, dans le département de la
Haute-Loire, est une ouvrière en dentelles
qui, depuis quarante ans, se consacre au
service des indigents et des infirmes avec

un zèle infatigable. Elle aussi, elle a sauvé plus d'une famille, et là encore, comme dans ce qui précède, ce n'est pas un acte de vertu, c'est toute une existence que l'Académie tient à récompenser.

»Madeleine FAURIE, du même département, est une gardeuse de troupeaux, à qui son père, en 1830, a laissé, pour tout héritage, une famille composée d'êtres infirmes, disgraciés, incapables de se suffire, des idiots, des aliénés, condamnés d'avance à toutes les tortures de la vie et de la mort. Le père a eu raison de compter sur sa fille Madeleine; elle seule pouvait travailler, elle travailla pour tous. Ce qu'elle gagne sou à sou dans la montagne, c'est à peine de quoi la faire vivre; elle le partage avec les malheureux dont le sort lui a donné la garde. Voilà plus de quarante ans qu'elle les soutient, aidée par beaucoup de gens, comme on pense, et inspirant à tout le pays un sentiment d'admiration et de respect.

» Mme veuve MACHEVEZ, née à Vaucouleurs, domiciliée à Saint-Servan, près Saint-Malo, dans le département d'Ille-et-Vilaine, est une personne âgée aujourd'hui de quatre-vingt-trois ans, dont la vie entière a été

une suite de sacrifices charitables. Son
mari, ancien capitaine, était associé à tous
ses actes de bienfaisance. N'ayant pas d'enfants, ils adoptaient des orphelins. La pension de retraite du vieux soldat y passait
tout entière. Il la recevait de l'Etat, il la
donnait à de petits déshérités. Il est mort
l'an dernier, le bon capitaine, et les deux
tiers de sa pension de retraite ont disparu
avec lui. Que la courageuse octogénaire,
dans sa pauvre demeure de Saint-Servan,
reçoive ce témoignage de publique estime,
ce lui sera comme un rayon de lumière qui
consolera son deuil et réjouira ses derniers
jours. » (Année 1876. — Rapport de M. Saint-
René Taillandier.)

⁕ ⁕ ⁕

« Après nos désastres de 1870 et 1871,
quand Metz fut séparée de la mère patrie et
que les Français qui s'y trouvaient encore
eurent à opter entre la nationalité française
et la nationalité allemande, vous vous rap-
pelez en quelle quantité nos nationaux nous
revinrent, si bien que, si la France a perdu
de son sol, elle n'a, en dehors de ce qu'elle
a versé sur les champs de bataille, rien

perdu de son sang. Notre illustre et cher confrère, M. le comte d'Haussonville, président du Comité alsacien-lorrain, et qui s'est dévoué avec tant de générosité, de courage et de succès aux anciens habitants de ces provinces dont il est l'enfant, le bienfaiteur et l'historien, M. le comte d'Haussonville sait mieux que personne de quel patriotisme, de quelle résignation, de quelle fraternité firent preuve tous ces Français de naissance devenus Français volontaires. Cependant quelques-uns des nôtres optèrent, non pour le sol étranger, mais pour le sol natal, où le cœur prend souvent des racines si profondes, qu'il n'a plus, à un certain âge surtout, le courage ni la force de les arracher. Ceux qui nous sont revenus ont eu raison; ceux qui sont restés ont eu leurs raisons, que nous déclarons ici toutes humaines, toutes indiscutables, toutes bonnes. Jugez-en du reste par l'exemple suivant :

« Mademoiselle Catherine-Alexandrine Romestin est née à Metz; elle est ouvrière en linge; elle va en journée; c'est avec ce travail quotidien, ingrat, si modestement rétribué, que depuis vingt et un ans, j'ai bien dit *vingt et un ans*, elle soigne avec le

dévouement le plus admirable une pauvre
fille âgée aujourd'hui de soixante-huit ans,
ouvrière comme elle, mais que, depuis un
quart de siècle, ses infirmités empêchent
de gagner sa vie. Catherine Romestin refuse, à gains égaux, de travailler à la campagne, parce qu'elle ne pourrait y emmener
sa chère malade, et que cet air pur et salu-
bre des champs, qui lui serait si nécessaire,
ne lui ferait aucun bien si elle le respirait
seule. Elle ne calcule ni avec ses forces, ni
avec sa santé, et, quand elle se sent moins
de vigueur, elle en est quitte pour avoir plus
d'énergie. Ses riches protecteurs ne sont
plus là, ils sont partis avec les pauvres
protégés qui pouvaient partir. Mais elle,
pouvait-elle partir? Pouvait-elle emmener
en France celle qu'elle n'avait pas même le
moyen d'emmener à la campagne, à quelques minutes de la ville? Pouvait-elle abandonner et laisser mourir sur son lit de douleurs celle à qui elle se dévouait depuis
quinze ans? A qui confier ce cher dépôt?
Qui l'aurait accepté? Personne n'était venu
en aide avant, à cette malade; qui lui vien-
drait en aide après? Non; entre deux êtres
ainsi unis par la misère de l'un, par la bien-

faisance de l'autre, par l'amitié commune, il n'y a de séparation compréhensible que la mort. Mademoiselle Romestin est devenue Allemande pour rester utile, et elle se sera ainsi sacrifiée deux fois. D'ailleurs, le royaume qu'elle habite depuis longtemps n'est plus de ce monde; on n'y connaît ni limites, ni distances, ni étrangers, ni ennemis, ni vainqueurs, ni vaincus; tous ceux qui l'habitent sont les enfants du même père; il s'appelle la Charité.

» L'Académie décerne à Melle Catherine-Alexandrine Romestin le prix Souriau de mille francs, et que cette récompense, en passant par dessus nos nouvelles frontières, lui prouve que la France peut toujours aller à ceux qui ne peuvent pas revenir à elle. » (Année 1877. — Rapport de M. Alexandre Dumas.)

* * *

Au commencement de l'année 1825, dans la commune de Saint-Remi-Bosrecourt, arrondissement de Dieppe, une maladie épidémique, contagieuse, ayant tous les caractères du typhus, s'était introduite, on ignore de quelle manière, dans une maison qu'habitait une pauvre famille, composée de onze personnes. En six jours la grand'mère et deux de ses petits enfants avaient succombé. Un mois après la mère mourut, et deux autres de ses enfants la suivirent à sept ou huit jours d'intervalle. Jacques Vasselin, chef de cette famille infortunée, restait seul avec quatre enfants, et ils étaient tous les cinq attaqués du mal qui avait déjà frappé six victimes sous leurs yeux.

Effrayés de tant de morts si promptes, et qui s'étaient succédé si rapidement, les parents, les amis, les voisins, n'osaient approcher de Vasselin et de ses enfants : abandonnés de tous, ils semblaient condamnés à périr sans espoir de secours.

« *Nous ne voulons pas aller chercher la mort.* »

Telle était la réponse de tous ceux que l'autorité du bien pressait de porter quelque soulagement, quelques soins à ces malheureux. Melle Célestine Détrimont, habitante d'une commune voisine, informée de ces faits par la voix publique, vint s'offrir au maire de Saint-Remi pour donner à cette famille infortunée les secours qui lui étaient refusés de toutes parts. Le maire accepte avec attendrissement son offre, mais il ne croit pas devoir lui cacher le danger qu'elle allait courir.

« Je sais à quoi je m'expose, répondit-elle; mais je ne puis laisser périr cinq malheureux ainsi abandonnés. »

Et, après avoir consenti à peine à se munir de quelques préservatifs, elle alla s'enfermer dans la maison infectée, où gisaient entassés Vasselin et ses quatre enfants. Un seul de ces enfants mourut. Par ses soins actifs et constants, Melle Détrimont eut le bonheur d'arracher à une mort qui paraissait certaine Vasselin et les trois enfants qui lui restaient. Cette belle action n'est pas un fait unique dans la vie de Melle Détrimont: elle a fait beaucoup d'actions semblables, qui ne sont connues que du ciel et des infortunés qu'elle a secourus. (*Th. H. Barrau.*)

* * *

Mme Veuve Berny d'Ouville est plus que la conseillère de ceux qu'elle assiste, plus que leur protectrice, plus que leur hôtesse, elle est, pour ainsi dire, leur maître Jacques. Dans l'appartement qu'elle habite, rue de Saint-Pétersbourg, elle a installé une sorte de consulat de la misère, et je souhaiterais que nos consuls fissent, pour nos compatriotes à l'étranger, ce que fait Mme d'Ouville pour les pauvres, qui sont des étrangers partout, hélas! même dans leur patrie.

Elle s'est vouée à leur service, elle prend en mains leurs intérêts, écrit leurs lettres, suit leurs procès, leur trouve des emplois, des protecteurs, raccommode leurs habits, lave leur linge (je n'en demanderais pas tant à nos consuls), et va les soigner à domicile. Notez qu'elle-même est d'une santé faible et que, bien souvent, elle s'est levée de son lit pour un malade, quitte à se recoucher quand il était guéri. Mais ce que je dis là ne donne qu'une faible idée de ce qu'elle est et de ce qu'elle fait. Permettez-moi de laisser parler ceux qu'elle a secourus, car c'est grâce à leur initiative que nous avons eu connaissance de son dévouement.

Parmi les nombreuses attestations qui accompagnent la demande faite en leur nom, il en est qui n'ont qu'une phrase, péniblement élaborée, plus péniblement écrite, mais touchante dans sa concision naïve, par exemple : « *Je suis bien obligée à Madame d'Ouville* », ou « *Madame est bien fati-*

yuée et bien dévouée pour moi. » Mais il y en a une entre autres, prolixe, diffuse, emportée celle-là, exhubérante d'admiration, débordant de reconnaissance, et dans laquelle, au milieu des obscurités de la pensée et des broussailles de l'expression, éclate parfois une fleur magnifique. L'auteur est une pauvre ouvrière à qui Mme d'Ouville est venue en aide. Laissez-moi vous citer seulement quelques passages de son mémoire.

Après le premier flux de faits et de détails, le récit des démarches, des privations, des fatigues de sa bienfaitrice, l'énumération de tous ceux qu'elle a secourus, elle ajoute : « Je demande bien pardon à M. le » Maire, mais je ne peux pas m'arrêter quand » je pense à tout le mal que Madame se donne » pour obliger des gens bien pauvres et bien » dans la peine. Car ce n'est pas sa fortune » qu'elle tire de son secrétaire pour faire la » charité, c'est plus que tout au monde, c'est » toute sa bonne personne tout entière avec » ses souffrances et son cœur et son âme, » tout embrasés de l'amour de la charité sa- » crée qu'elle donne aux malheureux. On » voit que cette si bonne dame n'est pas un » instant sans penser à eux, qu'elle ressent

» leurs douleurs et leurs inquiétudes et qu'*elle*
» *vit tout entière dans le corps de ceux qu'elle*
» *oblige.*

» Je sais bien, continue-t-elle, qu'il y a
» des dévouements très héroïques, mais il
» y a souvent de l'entraînement, beaucoup
» d'élan au moment d'un grand danger qui
» emporte et qui soulève tout le monde ; tan-
» dis que notre chère bienfaitrice, c'est sans
» cesse, de tous les instants, marchant tou-
» jours seule, partout, de tous côtés, sans
» être jamais encouragée par les honneurs
» ni par les espérances, et, tout de même,
» Madame ne ferait pas attendre un pauvre
» une seconde ; quand elle lui a donné un
» rendez-vous, c'est comme si c'était à un
» roi ; elle n'a jamais l'air de se douter du
» bien qu'elle fait et *de sa main on ne s'aper-*
» *çoit pas qu'on reçoit la charité.* »

Voilà de ces mots que la rhétorique cherche et que le cœur trouve.

La pauvre solliciteuse termine sa lettre,
adressée à M. le maire de l'arrondissement
de l'Elysée, en le priant de prendre en con-
sidération sa supplique : « Monsieur le
» maire, dit-elle, qui est si tout-puissant
» dans le gouvernement » (elle l'aura con-

fondu avec son grand voisin), et signe, en se disant, « de Monsieur le maire, la très humble et très fidèle sujette. » Cette fois, je ne sais pas avec qui elle l'a confondu.

D'ailleurs, elle, comme les autres signataires des autres certificats, demande pour Mme d'Ouville « le grand prix de vertu, » s'imaginant, sans doute, qu'il y a un grand prix de vertu comme il y a un grand prix de Paris. Hélas! pauvres gens, la charité ne rapporte pas ce que rapporte le plaisir, ou du moins elle ne se paie pas de la même monnaie. C'est même là une de ses noblesses. (Année 1884 : — Rapport de M. Edouard Pailleron.)

* * *

Mme veuve CAMUS, habitant Notre-Dame-de-Liesse, dans le département de l'Aisne, est âgée aujourd'hui de soixante-quatre ans. Après quinze ans de mariage, elle est abandonnée par son mari, qui la laisse avec deux jeunes enfants et de nombreuses dettes contractées par lui, bien entendu. En 1853, ce mari meurt sans être revenu auprès de sa femme, ajoutant à son premier legs sept mille francs de dettes nouvelles. La veuve

n'a d'autres ressources que son travail et
son courage. Elle veut que la mémoire du
coupable et le nom de ses enfants soient
sans tache, et elle s'impose la lourde mis-
sion de payer les dettes de son mari, dont
elle était séparée de biens. Elle parvient à
marier ses deux enfants. Jusque-là elle n'a-
vait pu que payer l'intérêt des dettes. Ses
enfants mariés, pour pouvoir payer le capital, elle se met en service. En 1859, elle
quitte son pays, sa famille, et vient à Paris
pour gagner un peu plus. A force d'économie, en envoyant tous les ans une certaine
somme à ses créanciers d'adoption, elle
commence à se libérer. Elle va être tout à
fait libérée, lorsque, au mois de février, son
fils meurt, lui laissant un orphelin de deux
ans ; en 1870, sa fille meurt lui laissant trois
enfants en bas âge et un mari pouvant à
peine subvenir à ses besoins personnels.
Elle prend les enfants à sa charge, deux
meurent pendant le siége. Que de douleurs,
dont nous ne parlons pas, au milieu de tous
ces devoirs pieusement remplis ! Enfin elle
vient d'achever de payer, intérêts et capital,
toutes les dettes de son mari, car il va sans
dire qu'elle n'a jamais eu le temps, ni

l'idée, ni le moyen d'en faire pour elle...

Melle Marie-Adélaïde Hugon a soixante-dix ans. A dix-huit ans, elle était l'unique soutien de sa famille. Depuis quarante-cinq ans elle exerce la fonction d'institutrice à Peyrilles, dans le Lot, où elle est née, et elle exerce cette profession avec un dévouement souvent au-dessus de ses forces. Ce n'est pas tout; elle pourvoit aux besoins des enfants pauvres pour leur faciliter l'entrée de l'école; elle soigne les indigents, et, malgré sa grande pauvreté, leur procure les médicaments indispensables. Pendant de longues années, elle a soutenu son père très âgé, sa mère et une sœur infirme. Son père et sa mère sont morts, mais cette sœur infirme est encore à sa charge, et depuis cinquante ans. Aujourd'hui elle est infirme à son tour! (Année 1877 : — Rapport de M. Alexandre Dumas.)

*
* *

Mélanie Juhel est au service d'un honorable pharmacien. Comme ces servantes de curés qui finissent par attraper un peu de latin en époussetant le missel et les bréviaires, celle-ci a appris un peu de médecine en nettoyant les bocaux de l'officine et en feuilletant en cachette le Codex.

Elle emprunte des recettes à la pharmacie, et, de temps en temps, elle cache dans son tablier quelques drogues. Fière de ses talents, elle cherche des maladies et des malades. Mais, comme ces soldats malchanceux qui ne vont jamais à la bataille sans en rapporter quelque arquebusade ou quelque balafre, elle a gagné la fièvre typhoïde en 1847, le choléra en 1849 ; et, en 1871, elle a failli se faire prendre par les Prussiens, en allant dans une grand'garde, près du Mans, porter des médicaments et des vivres aux mobiles de son village. « Elle était là comme une poule au milieu de ses poussins, » dit un mémoire excellent, au bas duquel j'ai relevé cent quatre-vingt-quinze signatures. Ces grands exploits remontent loin, il est vrai, et nos règlements ont une prescription légale pour les bonnes actions, comme le Code civil en a pour les servitudes ; mais Mélanie Juhel s'est mise en règle de ce côté. Comme sa vie, jusqu'à ce jour, est une suite continuelle de bonnes œuvres, elle interrompt chaque soir la prescription du lendemain, et elle est à l'abri de toutes les déchéances...

Voici maintenant tout un cortége d'humbles femmes qui, elles aussi, jettent, dans le gouffre sans fond des misères humaines, leur obole, ou plutôt les trésors infinis de miséricorde et de tendresse qui existent dans ces cœurs simples et dans ces âmes généreuses.

Les unes se baissent vers la terre pour ramasser les petits êtres que le vice ou la misère leur abandonnent. C'est, entre tant d'autres, Marie-Josèphe Toudic, une brave Bretonne, femme d'un petit tailleur de village, mère de famille, qui gagne son pain à faire des ménages, et qui, de concert avec son mari, tantôt moyennant un mince salaire, tantôt à leurs frais, sur les acquêts laborieux de leur communauté besogneuse, a élevé trente-deux enfants nés ou recueillis dans les hospices.

D'autres partagent entre l'enfance et la vieillesse leur dévouement et leur épargne, comme Anaïs Boyer, ouvrière depuis trente-deux ans dans la même fabrique, à Millau.

Où commence, où finit sa famille? On aurait peine à le dire. Par ses pieux artifices, en disputant à la mort chaque heure et chaque souffle, elle a forcé sa vieille mère à vivre jusqu'à près de cent ans. En même temps, elle élève les enfants de ses maîtres ; elle surveille avec une vigilance farouche le troupeau sans cesse harcelé des jeunes ouvrières confiées à sa garde.

Ruinée de fond en comble par une imprudence généreuse, comme la veuve de l'Evangile, elle prend maintenant sur sa pénurie pour recueillir des enfants abandonnés...

Plus loin, c'est Jeanne TRINQUE, une veuve; Elisabeth AVIGNON, une pauvre fille née dans dans un hospice ; Florence LOYSEL, une paysanne des environs de Fécamp. Toutes trois, comme tant d'autres, ont la vocation et le besoin de soigner les malades. Pour leur acheter des remèdes et pour adoucir leurs souffrances, elles sacrifient jusqu'au dernier sou de leur tire-lire et jusqu'au dernier linge de leur armoire. A les veiller, elles risquent à toute heure leur santé et leur vie. Elles attendent les épidémies; elles les cherchent; elles les suivent de village en village et de chaumière en chaumière. Elles sont au chevet des grabats les plus infects. Elles vivent dans l'air empoisonné de la fièvre et de la variole, sans s'inquiéter de la quantité de bactéries ou de microbes que la patience

intrépide d'un puissant génie saurait y dé-
couvrir...

Quelques-unes font un choix dans les misères qui les entourent; comme Madeleine
Constant, une vieille fille qui, pendant
vingt-cinq ans, à Grasse, dans un petit logis de la place des Aires, a soigné gratuitement un pauvre vieux prêtre atteint de tous
les maux à la fois et des infirmités les plus
hideuses ; — Marguerite Bœuf et Marie
Sion, qui, sans se connaître, vivant aux deux
bouts de la France, se sont rencontrées dans
une même pensée de dévouement, qui ont
eu la même destinée, et dont les noms modestes doivent être réunis ici dans la même
louange.

Comme Marie Sion, Marguerite Bœuf
était, il y a trente ans, au service d'une noble et riche famille. Ces deux maisons opu-
lentes sont tombées en ruines. — Comme
Marguerite Bœuf, Marie Sion a recueilli sa
maîtresse ; et toutes deux, devenues les
compagnes et les amies de celles qu'aux
jours de la prospérité elles avaient fidèlement servies, elles partagent avec elles,
l'une dans un faubourg de Paris, l'autre dans
une petite ville de province, l'indigence la

plus douloureuse et la plus respectable qui fût jamais. (Prix de vertu; année 1883 : — Rapport de M. Rousse.)

* * *

Voilà déjà bien des noms d'*héroïnes du dévouement* inscrits dans ce petit volume. Combien d'autres mériteraient encore d'être cités !... Mais la place nous manquant, nous devons nous borner. Terminons donc par la mention des actions et des vertus de trois femmes ayant occupé ou occupant encore des situations bien différentes dans la société.

Née à Cancale, Jeanne JUGAN vint chercher à se placer comme servante, au commencement du siècle, dans une petite ville de l'arrondissement de Saint-Malo, à Saint-Servan.

Elle entra en dernier lieu dans une maison où l'on peut dire qu'elle était à l'école des bonnes œuvres. Sa maîtresse étant venue à mourir, Jeanne résolut de la remplacer dans l'exercice de la bienfaisance.

Or, voici ce que cette résolution, cette sorte de vœu, a produit.

Une vieille aveugle, infirme et dans la

misère, venait de perdre sa compagne, son
unique soutien, une sœur âgée et dans la
misère comme elle. L'hiver de 1839 allait
commencer. Comment une aveugle se pas-
serait-elle d'un appui? Où celle-ci trouvera-
t-elle le sien?... Jeanne Jugan la fait trans-
porter dans sa demeure. La voilà avec quelqu'un à nourrir et à soigner.

Une servante s'était dévouée à ses maîtres; elles les avait servis d'abord fidèlement
dans la prospérité, puis sans gages dans la
détresse, puis en les nourrissant des fruits
de son labeur et de ses propres épargnes.
L'âge, les infirmités, l'incapacité du travail,
enfin l'isolement, étaient venus pour elle-
même; ses maîtres étaient morts, elle était
sans abri : Jeanne Jugan l'emmène encore
chez elle; elles sont trois. La maison est
petite, les ressources aussi, la Providence y
pourvoira.

D'autres malheureux viennent frapper à
la porte de cette pauvre demeure, devenue
comme une maison d'asile. Les vieillards
abandonnés sont nombreux à Saint-Servan :
c'est une population de marins; les flots et
les fatigues d'un rude métier emportent
brusquement l'homme fort de la famille,

celui dont le travail fournit aux besoins de tous. Lui mort, les enfants, les vieux parents restent sans ressource. Jeanne veut bien leur venir en aide, mais il faudra lui chercher une maison plus grande : elle trouve cette maison, elle la loue, elle déménage avec ses pauvres, elle s'y installe; un mois après la maison est pleine : douze pauvres gens y ont un abri.

Alors on en parle dans la ville, dans les familles aisées; on va voir; on admire et l'ordre et les soins, et les moyens ingénieux qui servent à une femme dénuée de tout bien, à nourrir, à entretenir, à tenir content tout son monde. On veut s'unir à cette bonne œuvre : une maison plus spacieuse est acquise, on la cède à Jeanne; mais on l'avertit bien : c'est tout ce qu'on fera, on ne peut contribuer à la dépense; qu'elle y prenne garde, c'est elle seule que cette dépense regarde; qu'elle ne multiplie pas trop son personnel.

« Donnez, donnez la maison, dit-elle; si Dieu la remplit, Dieu ne l'abandonnera pas.»

Bientôt, au lieu de douze pauvres, elle en a vingt; et aujourd'hui elle compte autour d'elle une famille de soixante-cinq malheu-

reux des deux sexes, tous vieux ou infirmes, ou atteints de maux incurables, tous
arrachés à la misère dans leurs greniers, ou
à la honte de mendier dans les rues, ou
soustraits aux vices que le vagabondage
traîne après lui.

Excitées par son exemple, trois personnes sont venues se joindre à Jeanne pour le
service, vouées à toutes les occupations de
l'intérieur. Le travail est organisé dans la
maison, volontairement, selon l'aptitude et
les facultés de chacun ; un médecin y visite
gratuitement les malades ; il y a élevé une
petite pharmacie : en un mot, Jeanne Jugan
a doté d'un véritable hospice la ville de Saint-
Servan !

Le plus grand nombre des hospices a été
formé par des communes ou par l'Etat.
D'autres établissements du même genre
l'ont été par des hommes riches, par des
dispositions testamentaires, par des appels
à la bienfaisance : l'hospice de Saint-Servan
a été fondé par une pauvre servante, qui
n'avait pour richesses que sa charité.

Comment est-il possible que Jeanne suf-
fise aux dépenses d'une telle maison ?...
Jeanne est infatigable, Jeanne est éloquente,

Jeanne a les prières, Jeanne a les larmes,
Jeanne a le travail, Jeanne a son panier
qu'elle emporte sans cesse à son bras et
qu'elle rapporte toujours plein. (TH. H.
BARRAU.)

* * *

Malgré sa pauvreté, c'est une heureuse
personne, et un personnage important que
Melle ALIZON. S'il en faut juger par le cortége
d'amis et de clients qui l'entourent, je doute
que, dans la ville de Commercy, personne
ait joui d'une telle popularité; que, de mémoire de sous-préfet et sous aucun régime
politique, personne y ait jamais exercé une
autorité plus respectée, mieux reconnue,
j'allais dire plus charmante et plus tendre.

Elle a soixante-quinze ans, Melle Alizon;
et depuis cinquante-trois ans elle est maîtresse de pension. Depuis cinquante-trois
ans, son gouvernement tutélaire, les géné-
rations se sont succédé tour à tour. Les mères ont remplacé les aïeules, et aujourd'hui
les petites filles viennent s'asseoir, dans sa
classe, au pupitre qu'occupaient jadis leurs
grand'mères.

Sans vouloir se marier jamais, elle a

donné des femmes à tous les maris du département ; et tous les maris reconnaissants
accompagnent ici de leurs vœux l'institutrice sans seconde à laquelle ils doivent des
femmes si parfaites.

Jamais nous n'avons eu à classer une telle
quantité de lettres, de certificats et de signatures. Dans ce concert de louanges, tous
les états, toutes les professions se confondent ; que dis-je ? toutes les opinions politiques et toutes les croyances religieuses,
sans abstention ! Dans cette forêt d'apostilles
touffues, nous trouvons, pêle-mêle, des conseillers municipaux avec des curés, des instituteurs laïques avec des sœurs des écoles ;
et dans un coin, j'ai surpris, entrelacés fraternellement, les paraphes jumeaux de l'inspecteur primaire et de l'archiprêtre de la
cathédrale ! C'est l'idéal du suffrage universel dans une république qu'on verrait en
rêve. Aussi le Gouvernement, émerveillé de
ce prodige, a-t-il décoré des palmes académiques la digne femme à laquelle il devait
un spectacle si nouveau.

Si Melle Alizon avait seulement laissé faire
la Fortune, elle serait riche... Elle est pau-

vre! Et c'est la meilleure des leçons qu'elle ait jamais données à ses élèves..

Ses connaissances variées et solides, la sûreté de son enseignement et la justesse de son esprit, tout cela n'est rien auprès de sa merveilleuse bonté. Son temps et son savoir appartiennent aux ignorants; son argent aux pauvres.

Souvent, dans cette maison discrète, on voit entrer quelque fille que personne ne connaît, que personne n'y a conduite par la main, que personne n'y vient jamais visiter. Elle a pris sa place dans la classe, au milieu de ses heureuses compagnes; traitée comme elles; aimée comme elles; gâtée comme elles; comme elles buvant à cette source salutaire de science et de sagesse qui assainit les âmes et les cœurs. L'enfant reste là pendant des années. Elle en sort jeune femme pour entrer dans une famille nouvelle, ou pour répandre dans une école les bienfaits qu'elle a reçus. D'où venait-elle? Quelle main mystérieuse a payé la pension de cette inconnue? Qui a nourri, formé, sauvé peut-être ce corps et cette âme en détresse? Seule Mlle Alizon le sait; mais elle n'aurait garde de le dire; et ce sont les enfants ainsi re-

cueillis par elle qui, dans l'élan de leur gratitude, viennent elles-mêmes vous dénoncer
leur bienfaitrice. Les unes l'appellent *notre
mère;* d'autres l'appellent *notre Sainte.* Il en
est qui, dans leur emphase naïve, parlent
de sa gloire... Pourquoi pas? gloire modeste
et discrète, qui n'a rien à craindre des re-
tours de la fortune, et que le soulèvement
de la reconnaissance publique a pour jamais
consacrée.

Melle Alizon n'est pas seulement une institutrice incomparable; elle est l'amie, le
conseil prudent de toutes les familles, la
confidente de tous les secrets, l'arbitre de
toutes les querelles (car, même à Commercy,
on n'est pas toujours bien d'accord). Et
quand on cherche la souveraine de cet em-
pire tranquille, l'héroïne de cette paisible
légende, on trouve une bonne vieille femme,
humble et pieuse, tout effrayée du bruit
qu'elle fait, et aussi étonnée sans doute de
l'hommage que nous lui rendons aujour-
d'hui, qu'elle a dû l'être des palmes univer-
sitaires dont on l'a naguère jugée digne.

Il y a de ces êtres bénis qui, par un charme
inconnu, attirent à eux tous les cœurs; qui,
sans le vouloir et sans le savoir, sont les

justiciers indulgents de toutes les consciences, et qui, lorsque Dieu les rappelle, laissent une place vide à jamais dans le coin de terre où ils ont vécu. Quelquefois, comme ici, c'est une frêle créature qui exerce cet étrange pouvoir. Mais, dans ce corps débile et derrière ces yeux éteints, on sent une clarté qui veille : — c'est moins qu'une flamme; à peine une lueur; moins que rien; — c'est une âme! (Prix de Vertu; année 1883 : — Rapport de M. Rousse.)

Nous avons réservé pour la fin de ce petit volume le bel exemple de dévouement patriotique donné par M⁰ˡˡᵉ Dodu pendant la guerre de 1870-71.

Lorsque les Prussiens entrèrent à Pithiviers — lisons-nous dans le journal l'Electricité du 20 octobre 1878, — M⁰ˡˡᵉ Dodu était alors directrice de la station télégraphique où elle demeurait avec sa mère.

Le premier acte de l'ennemi fut de prendre possession du bureau et de reléguer les deux femmes dans un étage supérieur de la maison qu'elles occupaient. Comme le fil passait à sa portée, M⁰ˡˡᵉ Dodu eut l'idée patriotique d'établir un fil de dérivation, de manière qu'un appareil récepteur, qu'elle avait été assez habile pour conserver à sa disposition, pût marcher chaque fois que l'ennemi se servait du manipulateur ou qu'un message du dehors arrivait à la station de Pithiviers.

Les dispositions avaient été si habilement prises que l'ennemi ne se doutait en aucune façon que la charmante télégraphiste lui dérobait ses dépêches.

Les télégrammes ainsi capturés, et qui étaient incontestablement de bonne prise, étaient confiés au sous-préfet, qui les faisait parvenir au quartier général français, à travers les lignes ennemies, par des messagers qui risquaient courageusement leur vie, et dont plusieurs peut-être ont payé de leur sang leur dévouement à la patrie.

L'ennemi, rassuré par l'air calme et placide de Melle Dodu et de sa mère, ne soupçonnait rien de ce qui se passait.

Malheureusement Melle Dodu n'avait pu éviter de mettre dans la confidence de son secret la servante de la famille.

Loin d'imiter le noble dévouement de ses deux maîtresses, cette fille avait contracté une intimité coupable avec les soldats prussiens.

Comme Melle Dodu et sa mère lui faisaient des reproches sur sa conduite, elle répondit de manière à éveiller les soupçons des officiers ennemis qui assistaient à la conversation.

Melle Dodu et sa mère furent mises en état d'arrestation, et l'on n'eut pas de peine à acquérir des preuves matérielles de la culpabilité de la fille.

Traduite devant une cour martiale, Melle Dodu fut condamnée à la peine de mort.

Le prince Frédéric-Charles, qui commandait le corps d'armée, devait, en cette qualité, confirmer la sentence.

Avant de le faire, il voulut faire comparaître devant lui la coupable, avec laquelle il avait eu plusieurs fois l'occasion d'échanger quelques paroles, et qui n'était encore âgée que de dix-huit ans.

Le prince l'interrogea sur les motifs qui l'avaient conduite à commettre une si grande infraction à ce que l'on nomme les lois de la guerre.

« *Je suis Française,* » répondit simplement Melle Dodu.

L'armistice qui survint sauva la vie à Melle Dodu, dont l'exécution serait alors devenue un crime commun, un assassinat vulgaire.

C'est seulement le 13 août 1878 que Melle Dodu a reçu la décoration de la Légion d'honneur, qui lui a été remise au palais de l'Elysée et au nom du maréchal de Mac-Mahon, par son aide de camp, le colonel Robert, assisté de deux officiers de la maison militaire du Président de la République.

FIN

CONTES

DE LA

FAMILL[E]

PAR LES FRÈRES GRIM[M]

TRADUCTION REVUE

PAR E. DU CHATENET.

LIMOGES

EUGÈNE ARDANT ET [Cie]

www.ingramcontent.com/pod-product-compliance
Ingram Content Group UK Ltd.
Pitfield, Milton Keynes, MK11 3LW, UK
UKHW020027100726
13658UKWH00003B/1168